U0925027

谨以此集献给刘少奇同志诞辰一百周年

纪念刘少奇同志百年诞辰

美术作品展·作品集

青 岛 出 版 社

《纪念刘少奇同志百年诞辰美术作品展·作品集》组委会

名誉主任：王光英　王茂林

主任委员：刘　政　黄　峥　刘大为
黄修荣　郭德宏　杨力舟
徐　诚

委　　员：（以姓氏笔划为序）
王　琦　王一方　邓福星
刘　政　刘大为　张　仃
张胜远　杨力舟　杨悦浦
杨耀华　彦　涵　侯一民
闻立鹏　郭德宏　徐　诚
袁运甫　秦洪波　黄　峥
黄修荣　童中焘　潘絜兹
戴志祺

秘 书 长：张胜远　杨悦浦

“纪念刘少奇同志百年诞辰美术作品展”主办单位

中共中央文献研究室第二编研部
中共中央党史研究室一部
中共中央党校中共党史教研部
中国美术家协会
中国现代文化研究中心

前　言（代）

黄峥

本世纪20年代以来，中国共产党领导中国人民，经过长期英勇奋斗和无数艰难曲折，推翻了帝国主义、封建主义、官僚资本主义“三座大山”，取得了新民主主义革命的胜利，建立了中华人民共和国，开始了建设社会主义现代化的伟大征程。这长达大半个世纪的中国革命，其规模之宏大、情况之复杂以及它的长期性、艰巨性和彻底性，同世界上任何著名革命相比毫不逊色，是人类历史上最伟大的革命之一。在这场伟大的革命中，涌现出了整整一代叱咤风云的无产阶级革命家，真可谓群星灿烂。刘少奇，便是他们中间的一位杰出代表。他和毛泽东、周恩来、朱德等一样，是革命的领袖，拥有运筹帷幄、决胜千里的雄才大略，同时又是人民的公仆，具有全心全意为人民服务的高尚品德。他的名字和事迹将永载史册。

刘少奇为中国的革命和建设事业作出了卓越的贡献。他1921年冬在莫斯科加入中国共产党，回国后在江西安源、广州、上海、武汉从事工人运动，参加领导了著名的安源大罢工、五卅运动、省港大罢工和武汉人民收回英租界的斗争。1925年担任首届中华全国总工会副委员长，1927年当选为中共中央委员。在第二次国内革命战争时期，刘少奇先后在河北、上海、东北等地领导党的秘密工作，1931年当选为中共中央政治局候补委员，并任中央职工部部长。1934年10月他参加二万五千里长征，在遵义会议上支持毛泽东的正确主张。1936年春刘少奇被派往华北任中共中央代表、北方局书记，推行抗日民族统一战线政策，开创了华北抗日的新局面。1938年至1942年他又被派往华中，先后任中共中央中原局书记、华中局书记、新四军政委，恢复和发展了长江中下游地区的抗日武装力量，扩建了华中抗日根据地，在皖南事变后重整和壮大了新四军。1943 年他回到延安任中共中央书记处书记、中央革命军事委员会副主席，1945年8月在毛泽东赴重庆同蒋介石谈判期间代理中共中央主席。在解放战争时期，刘少奇于1947年3月任中共中央工作委员会书记，转移到华北西柏坡村，负责中央委托的工作。这期间他主持召开全国土地工作会议，制定了《中国土地法大纲》。中华人民共和国成立后，刘少奇作为党和国家的主要领导人之一，在制定国家政治、经济、文化、教育、外交等方针政策方面发挥了重要作用。1949年10月他担任中央人民政府副主席，1954年当选为第一届全国人民代表大会常务委员会委员长，1956年任中共中央副主席、政治局常委。在1959年4月和1965年1月举行的第二、三届全国人民代表大会上，刘少奇两次当选为中华人民共和国主席、国防委员会主席。他担任这一职务直到逝世。

为纪念刘少奇诞辰100周年，有关单位组织出版《少奇百年·摄影集》、《纪念刘少奇同志百年诞辰美术作品展·作品集》是很有意义的。这些作品从不同的角度再现了刘少奇的革命生涯、国务活动和生活情趣，反映了人民群众对他的缅怀之情。刘少奇生前在处境最艰险时留下一句名言：“好在历史是人民写的”。这两本作品集，再一次验证了刘少奇的这一坚定信念。

1998年2月于北京

油画

1

侯一民

刘少奇和安源工人

160×330cm

2

王德威

刘少奇在林区

154×200cm

3

吴云华

刘少奇在延安

103×135cm

王　晖
万家忧乐记心头
114×162cm

5

杨　洋

同志生涯

128×175cm

6

施怀谷

无题

160×200cm

国画

7

赵华胜

创业年代 —— 刘少奇主席与钢铁工人在一起

165×365cm

8

李　琦

同志

127×194cm

同志
你掏大粪是人民的勤务员我当主席也是人民的勤务员这只是革命分工不同都是
革命事业中不可缺少的一部分。
——少奇同志接见劳模时传祥同志的谈话

9

李延声

高灯照风雨

70×98cm

刘少奇主席百年诞辰纪念
一九九八年李延声敬作

10
叶毓中
浩然图
68×88cm

浩然圖
為紀念少奇同志誕辰敬畫

11

黄发榜

人间几多未了情

97×177cm

韦红燕　汪港清

阳光依旧

150×188cm

13

胡孟炎

少奇同志

104×210cm

纪念刘少奇同志百年诞辰
孟奂画于京华

卫德章　田书翰
枣园之光
172×193cm

枣园之光
为纪念刘少奇同志诞辰百年而作 戊寅年春 卫德章 田尚翰於北京

15

王绪阳

梅花图

70×138cm

纪念刘少奇同志百年诞辰
一九九八年 绪陽

16

马海方

路遇

71×143cm

路遇
公元一千九百九十八年春月海子畫於京華東城道家樓並記

17

潘絜兹

仕女图

70×139cm

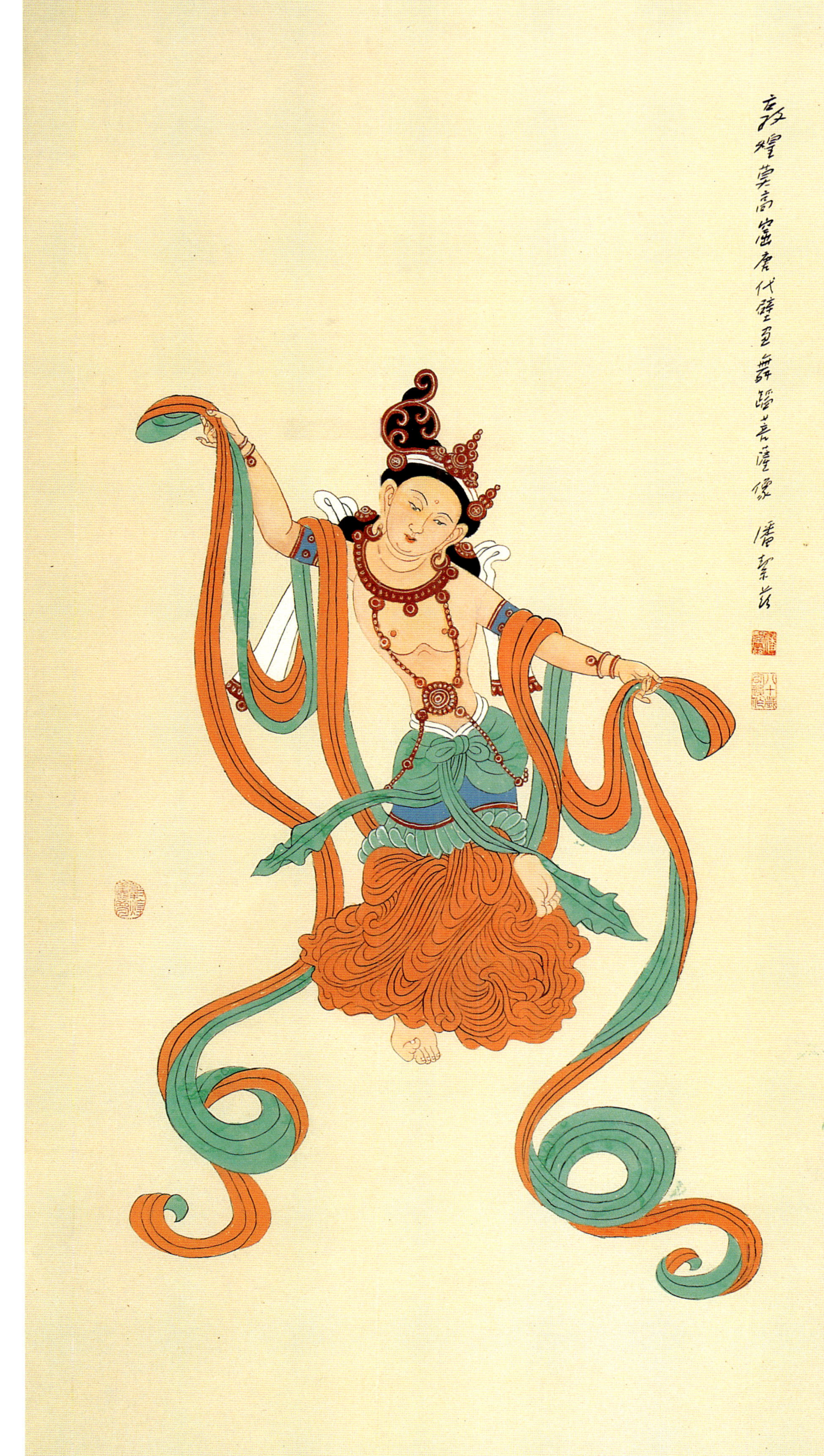
敦煌莫高窟唐代壁画舞蹈菩萨像 潘絜兹

18

陈白一

路漫漫其修远兮

吾将上下而求索

70×139cm

19
刘大为
任重道远
68×68cm

任重道遠
戊寅孟春大有作

杜滋龄

神往

70×70cm

神往
戊寅年

21

赵士瑛

怀念

70×139cm

怀念

22

唐勇力
晚春游图
68×92cm

晚春遊圖
麗日照殘春
初晴草木新

23

孔　紫

秋花

96×108cm

穠華
戊寅为纪念刘少奇同志诞辰一百周年而作

刘庆和
春风化雨
68×135cm

為紀念劉少奇同志誕辰一百周年而作 慶和題

25

刘文西

黄山不老松

70×139cm

黃山
不老松
刘少奇同志是伟
大的馬克思主义者
党和國家主要領導人
之一，他在近半个
世纪的革命生涯中
為中國的革命和建設
事业建立了不朽功勋
一九九八年
逢刘少奇同志诞辰一百周年而作
劉文西

周韶华

秋亦灿烂

96×170cm

李宝林

松骨图

67×134cm

松骨圖
戊寅歲

28

杨力舟

功参天地

105×215cm

王伯敏

山河处处佳

70×128cm

山河處處佳
紀念劉少奇同志誕辰百周年 王伯敏寫

30

孔仲起

衡岳仰止

70×139cm

衡嶽仰止
劉少奇誕辰百年誌頌
戊寅之春 孔仲起

31

童中焘

山高水长

84×104cm

山高水長
劉少奇同志百年誕辰紀念

姜宝林

长青图

70×139cm

33

雷正民

山高水长图

68×134cm

山高水長圖
紀念劉少奇同志誕辰一百周年

张善平
雨后复朝阳
70×139cm

雨後復朝陽
少奇同志誕辰一百周年紀念 戊寅春月

35

邵声朗

高山仰止

70×139cm

于志学

高山仰止

88×180cm

37

杨长槐

苍山高崖记奇勋

79×100cm

郑叔方
更知春日暖
68×134cm

39

崔振国

青山不老

68×136cm

青山不老
紀念劉少奇同志誕辰一百周年
戊寅年春月 振國畫于北京紅樓

王春立　王学龄
凌风劲节
133×140cm

凌風勁岩
王學玲

41

况 达

山中故事

66×66cm

42

姚鸣京

秋江一夜雨　清静万山中

66×66cm

秋江一夜雨清静万山中
鸣宗题

43

郑小娟 姜 坤

冰雪无私玉万家

97×118cm

冰雪無私玉萬家
紀念劉少奇同志百年誕辰
戊寅之春 鄭小娟 姜坤 畫

黄逸宾
苍山图
97×182cm

成禮兮會鼓傳芭兮
代舞姱女倡兮容與
春蘭兮秋菊長無
絕兮終古
戊寅春日為紀念
劉少奇同志
百年誕辰作
黃逸賓

45

于希宁

丹心一片禀神州

68×134cm

高冠华
经霜傲骨
68×69cm

47

柳　村

质贞松竹

70×139cm

刘福芳

桃李不言 下自成蹊

83×150cm

桃李不言下自成蹊
纪念刘少奇同志诞辰一百周年
戊寅年 福芳

49

郭怡孮

新机一派

68×134cm

紀念劉少奇同志誕辰百周年
郭怡孮畫

庄寿红

江山多娇

121×145cm

51

刘春华

柿柿如玉图

70×139cm

52

李 翔

仙鹤

57×139cm

53
问 雨
吉寿
70×70cm

鲁　风

白梅图

70×139cm

白梅图
纪念刘少奇主席诞辰一百周年
贵州国画院

55

李魁正

高洁

70×139cm

纪念刘少奇主席诞辰
一百周年
戊寅年

孔伯容
高风亮节
70×139cm

先賢高風亮節
神洲大地春回
戊寅春月為紀念
劉少奇同志誕生一百周年而作
慶順
孔伯容

57

徐家昌

俏也不争春

70×139cm

俏也不爭春只把春來報待
到山花爛漫時她在叢中笑
紀念劉少奇同志百年誕辰
一九九八年於中國美院 徐家思敬寫

刘龙庭
万春方华
70×136cm

纪念刘少奇同志诞辰一百周年
一九九八年四月
刘龙庭作

邓福星
铁骨香魂
68×91cm

鐵骨香魂
少奇同志百年
誕辰紀念

杜希贤

屹立

84×150cm

劉少奇同志誕辰一百周年
歲在戊寅，希賢畫

61
孙志钧
清韵
61×82cm

贾广健

只留清气满乾坤

97×179cm

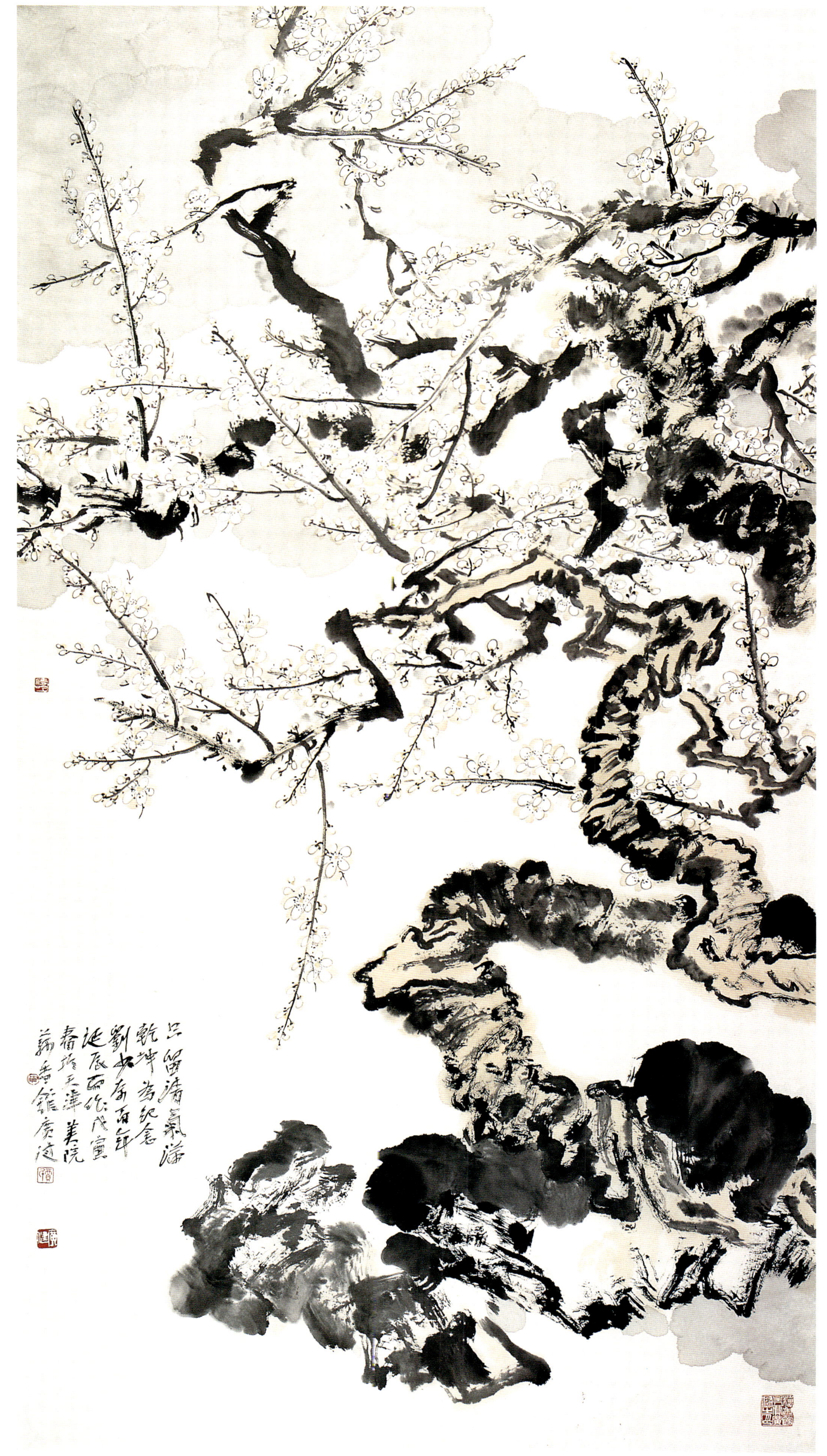
只留清氣滿
乾坤 為紀念
劉少奇百年
誕辰而作 戊寅
春於天津 美院

63

赵贵德

良驹

90×97cm

紀念劉少奇同志誕辰一百周年
黃胄

罗远潜
在大风雪中前进
95×177cm

65

贾浩义

红韵清辉

89×96cm

版

画

谭权书
庄严时刻
41×46cm

67

傅靖生

著作

40×60cm

共产党员的修养
一、党员最基本的责任，是实现
共产主义，把世界改造成为共产
主义世界，解放全人类。
主义者。二、党员

赵　蘅

再见

40×60cm

69

广　军

海纳百川　名垂千古

41×46cm

李　帆

一家人

39×49cm

71

李晓林

少奇同志在延安

37×45cm

胡贻孙

促膝 —— 少奇同志在宁乡

61×88cm

73

宋光智

永远的怀念

32×46cm

74

戴大权 罗贵荣

远别

73×90cm

75

张桂林

少奇同志 **NO.1～NO.5**

65×88cm×5

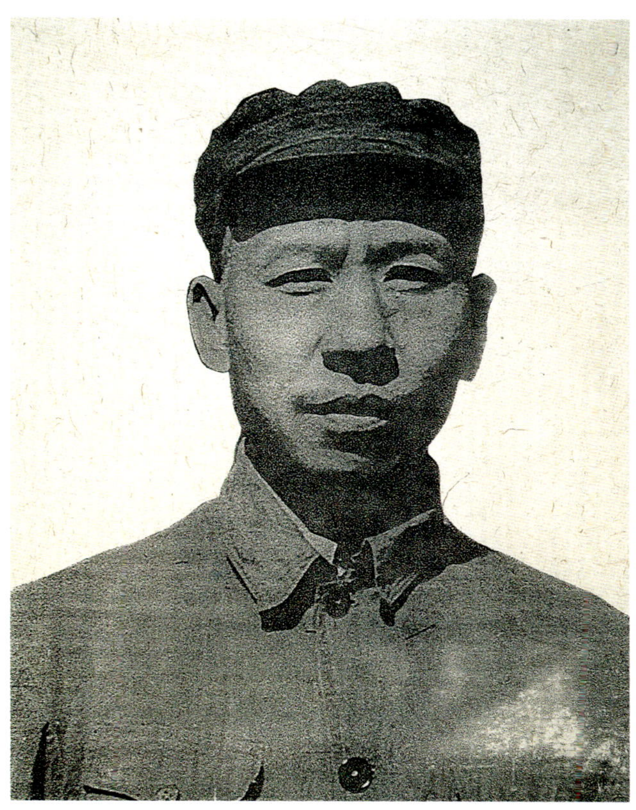

书法

启　功
书法
53×117cm

刘少奇同志诞辰一百周年纪念

最大的幸福
是得到人民的信任

书刘少奇同志语 一九九八年春 启功

77

沈　鹏

书法

35×139cm×2

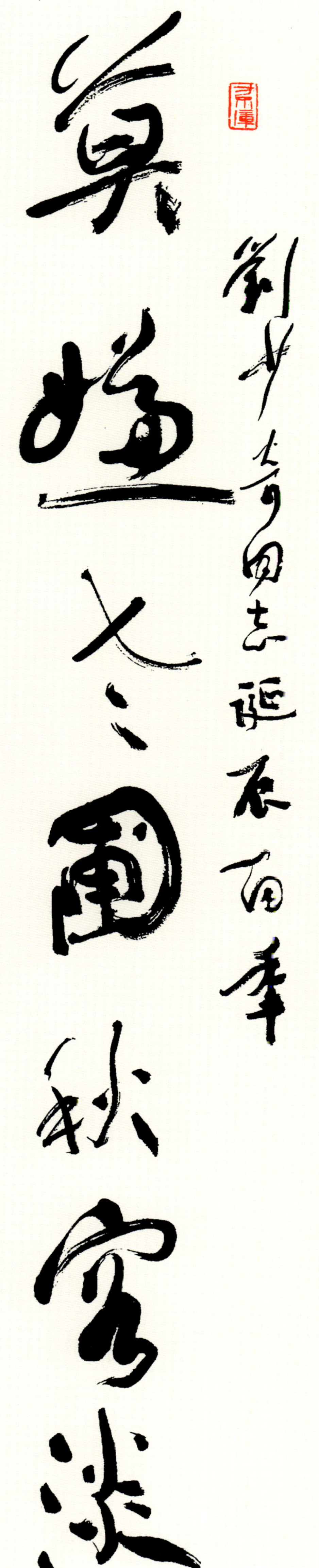
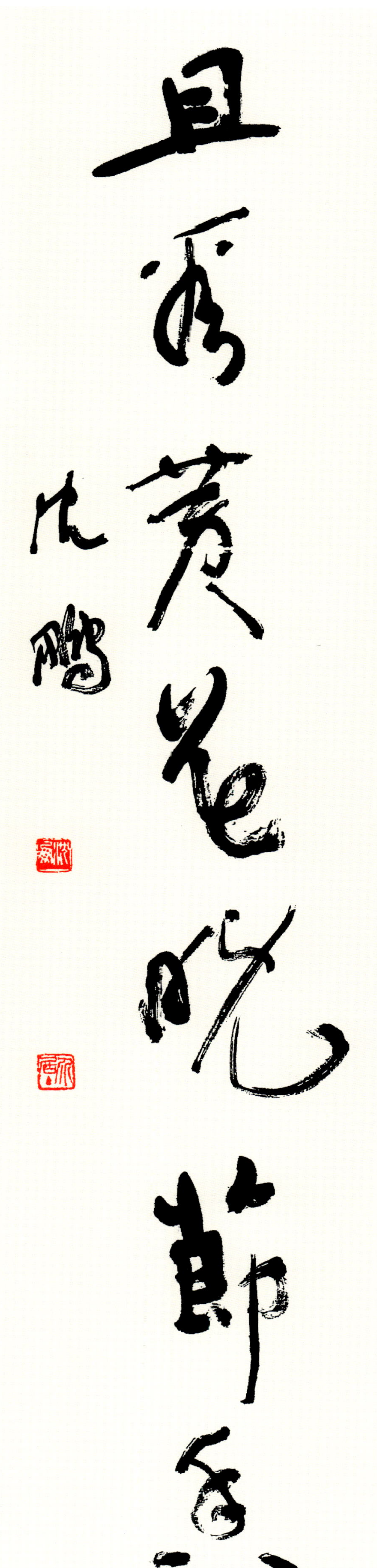

刘炳森
书法
65×132cm

好在歷史是人民寫的

少奇語錄

紀念劉少奇誕辰百週年 劉炳森書

79

欧阳中石

书法

70×139cm

聽命於人民以
民意為依歸
紀念 劉少奇誕辰一百周年
中石敬書

李　铎
书法
70×129cm

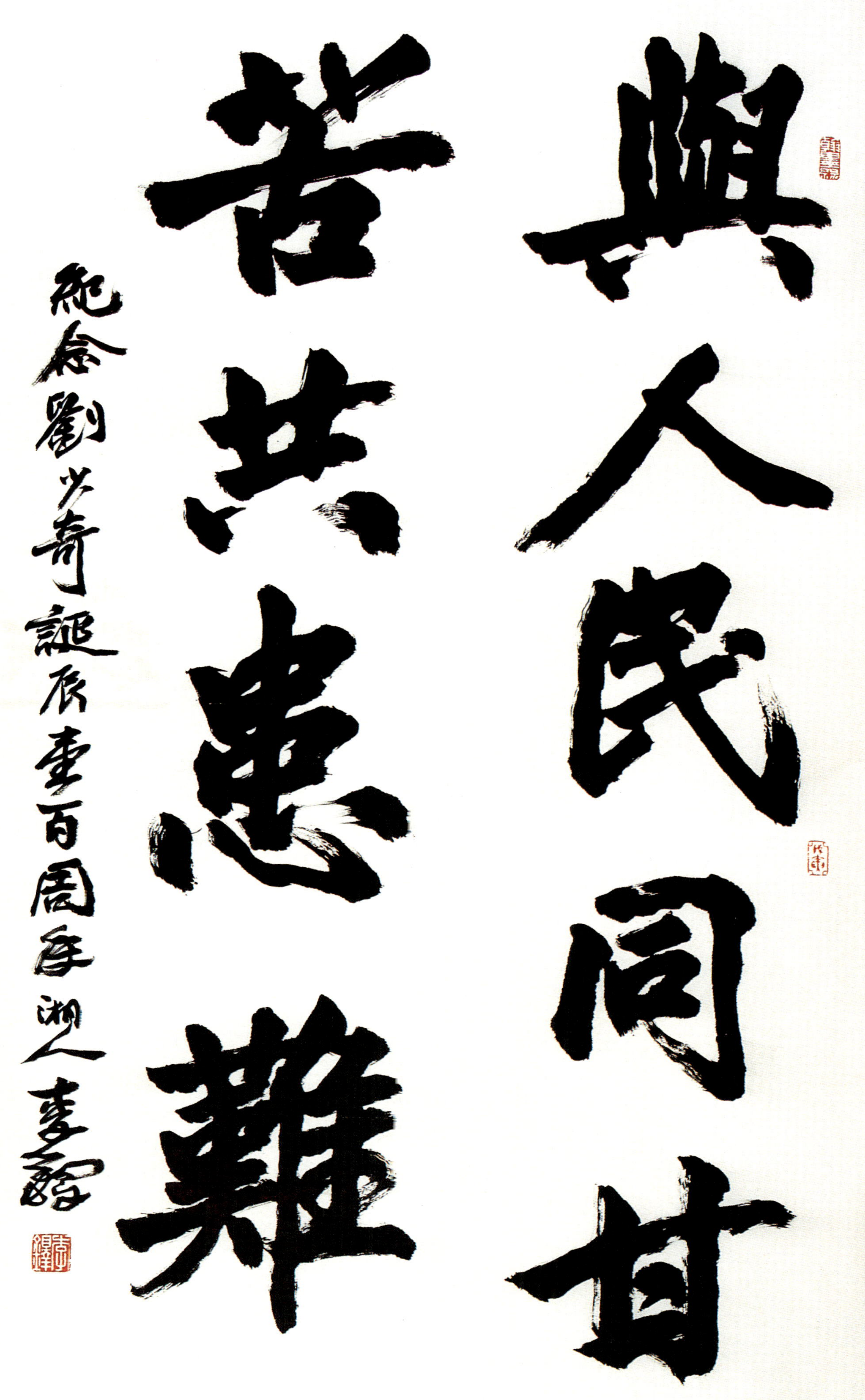
與人民同甘
苦共患難
紀念劉少奇誕辰壹百周年湘人李鐸

81

张　仃

书法

70×139cm

刘少奇同志诞辰一百周年纪念

含弘光大

革故鼎新

戊寅年春它山张仃敬书

82

彦　涵

书法

69×137cm

浩然正氣

刘少奇同志百年诞辰纪念

一九九八年 秦涵敬書

83

章祖安

书法

49×181cm×2

劉少奇同志百年誕辰紀念

一覽千經教

無言百藥師

章祖安書於中國美院

祝遂之
书法
60×180cm

丹可磨而不可奪其色，蘭可燔而不可滅其馨，玉可碎而不可改其白，金可銷而不可易其剛。

戊寅 [illegible]

85

白　砥

书法

49×179cm

仰天俯地留正氣博古

觀今做真人

劉少奇同志百年誕辰紀念

山陰[illegible]

王冬龄
书法
53×236cm×2

壮心欲填海

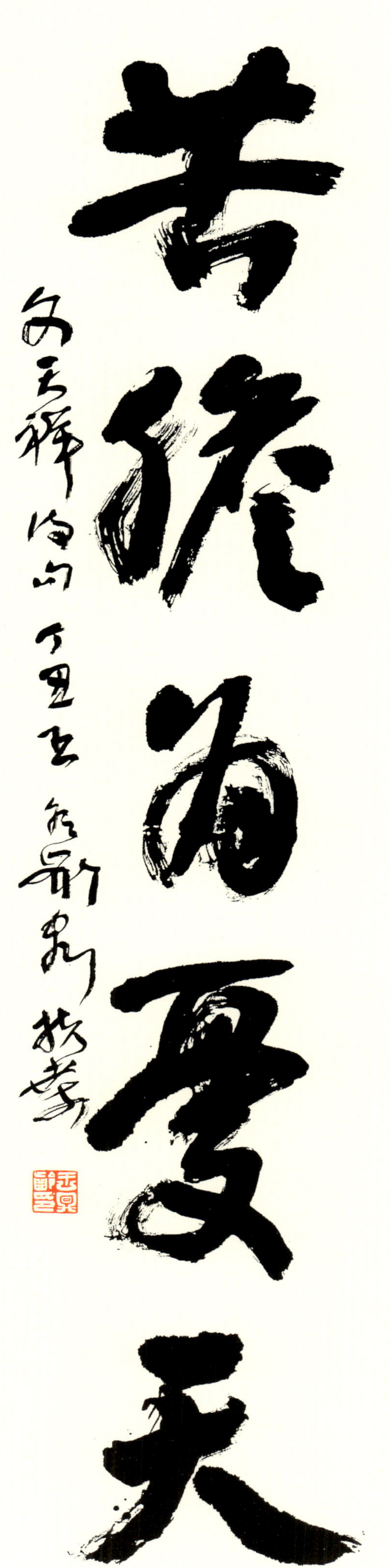

87

沈定庵

书法

70×139cm

千秋龜鑒
萬古遺芳

紀念劉少奇同志百年誕辰 沈定庵敬書

张荣庆
书法
70×139cm

春之滿神州。春風萬里流。如今霧散雲收。動亂十年已矣。回首望。思悠悠。。點滴為民謀。艱難費運籌。去飲恨葬荒丘。下古沉冤終究雪。功永在。業長留。

右錄劉萬國先生摇篇石瑛同志唐多令讀十一屆五中全會公報喜賦以紀念劉少奇主席誕辰百周年

一九九八[illegible]人謹記

89

张　荣

书法

32×196cm×2

纪念刘少奇诞辰一百周年

心系民瘼仔肩存禹甸

胸怀寻诛洪气荡乾坤

丁丑季冬大雪

张荣书

90

杨悦浦

书法

68×134cm

丹心報國

赤手擎天

紀念刘少奇百年诞辰 焕甫書

91

李中贵

书法

48×67cm

凡不愿獨立地做艰苦工作的人任何事情也做不好

纪念劉少奇诞辰一百周年 敬录

少奇同志语录 九八年春中貫

邹德忠
书法
67×139cm

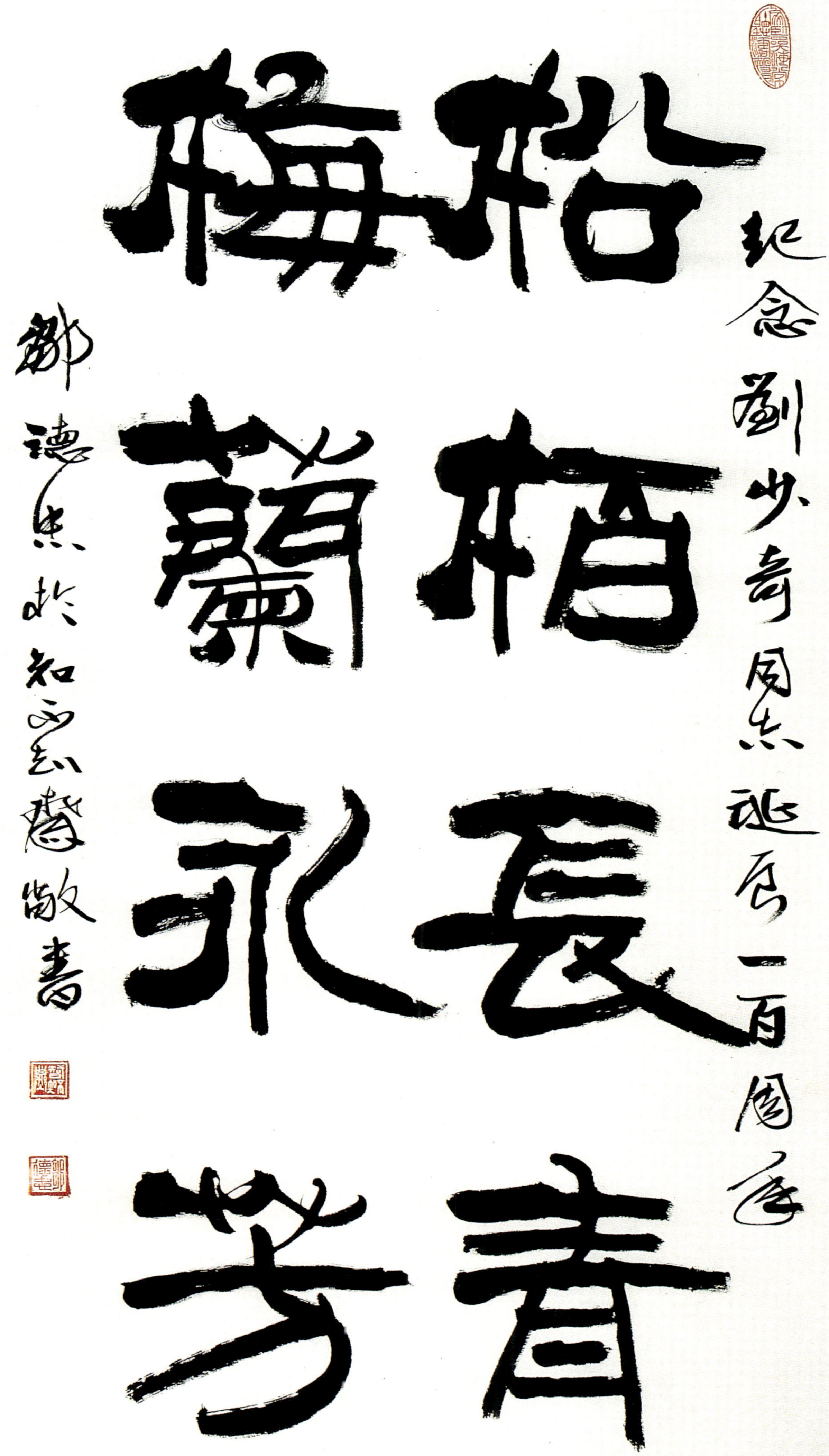
紀念劉少奇同志誕辰一百周年
松柏長青
梅蘭永芳
鄒德忠於知不足齋敬書

薛夫彬

书法

70×139cm

功在神州偉業

名標青史話冤魂

劉少奇同志誕辰一百周年紀念 薛夫彬

刘文华
书法
35×139cm×2

宏韜偉略

闊地高天

劉少奇同志誕辰百年紀念

丁丑之年 文華書

95

王友谊

书法

50×226cm×2

獻一腔熱血薦軒轅為華夏人傑五十年豐功偉績有口皆碑永垂青史

錄郭沫若挽劉少奇聯

數不盡波濤蕩泥垢公報重慰英靈十餘載奇辱沉冤今日昭雪名耿千龝

歲次丁丑冬月之暮友垣

谷　溪

书法

35×139cm×2

碧血山河與共

為緬懷無產階級革命家劉少奇同志而作

丹心史冊誰傳

戊寅杏月師魯齋主人沿溪書於京華

97

熊伯齐

书法

35×139cm×2

劉少奇主席一百周年誕辰

耿光照華夏

浩氣滿乾坤

戊寅三月

趙伯壽謹書

98

李　松

书法

35×139cm×2

懷念劉少奇同志

舉鎚破牢鎖

揮臂起工潮

丁丑年冬月青松

99

于曙光
书法
70×139cm

詠少奇同志一首

勞苦工農怨沉〻華夏眠先覺知馬列奔走自當
先催馬踏九州疾呼變揚鞭八路與新四毛劉
旗幟鮮苦戰廿八年推翻三座山蒼生得
解放重建新家園全黨重修養建國穩快
全文革蒙奇恥今朝面目還心中有萬民萬世
永相傳

一九九七年冬應邀撰并書　于曙光

杨 华 赵子富 殷延禄 李 樯

书法

33×265cm

在數千年來生產資料私有制的社會中由於剝削階級統治人類的結果剝削階級給自己造成了多方面極大的權力霸占了世界上的一切他們的長期統治在人類社會中造成了長期存在着的

我們的同志還必須了解共產主義事業中的先進的組織和最積極的決不是個人主義者的組織和堅決實現以自己的自私和凡是自私的組織先在自己個人在組織的個人也在們堂決

我們應注意自己的言語去傷害別人但是當別人用言語傷害自己的時候

經驗證明哪裡的黨委和人民群眾認真地進行討論與監督的自我批評那裡工作就會改進積極性就會提高內部團結也就會增強黨與群眾的聯繫就會密切而且負責人的威信不但不會損害反而會

目　录

鲁新登字08号

责任编辑：王鸿翔
王一方
装帧设计：郝 仁
若 水
书 名：《纪念刘少奇同志百年诞辰美术作品展·作品集》
出版发行：青岛出版社
（青岛市徐州路77号，
邮编：266071）
印 刷：珠海华电印务有限公司
出版时间：1998年5月第1版
1998年6月第1次印刷
开 本：8开(787×1092mm)
印 张：27.5
印 数：1-3700
标准书号：ISBN7-5436-1894-X/J·77
定 价：368.00元